Hommage au Tibet et à son peuple

OLIVIER FÖLLMI

Éditions SDE – Éditions de La Martinière

FREE TIBET

SAVE
TIBET

Préface de Sa Sainteté le Dalaï-Lama

Aujourd'hui, nous pouvons tous nous réjouir de l'esprit de réconciliation et de paix qui se fait jour dans bien des régions troublées du monde. Malheureusement, il est triste de constater qu'après plus de quarante ans d'occupation chinoise, la situation ne s'est pas vraiment améliorée dans ma patrie, le Tibet. Mon peuple souffre toujours. Si changement il y a eu, c'est dans le sens d'une intensification de la répression par les autorités chinoises. Celles-ci cherchent, de toute évidence, à résoudre le problème du Tibet sans tenir compte des souhaits des Tibétains et de leurs droits inaliénables en tant qu'êtres humains.

Récemment, de nouvelles mesures ont été prises afin de consolider le contrôle politique au Tibet. Une nouvelle offensive a été lancée contre les défenseurs des droits de l'homme et de l'indépendance. Les individus soupçonnés de sentiments religieux ou nationalistes, ou simplement ceux qui enseignent la langue tibétaine, ou encore ceux qui ont ouvert des écoles privées, sont les victimes d'une nouvelle vague de persécution politique. La police fait des descentes dans les monastères. L'édification ou la reconstruction de monastères et de couvents ont été interdites, et l'entrée de nouveaux moines ou nonnes stoppée. Les Tibétains qui travaillaient comme guides touristiques ont été licenciés. Les jeunes Tibétains n'ont plus le droit d'étudier à l'étranger, et ceux qui y étaient déjà engagés ont été sommés de rentrer. Dans le même temps, l'afflux de colons chinois au Tibet continue inexorablement. La réalité aujourd'hui est que le Tibet est un pays occupé, sous tutelle coloniale.

Le peuple tibétain est doté de ténacité, de patience et d'ingénuité. Notre cause est une cause juste. Nous continuons à penser que la vérité finira par triompher, et que notre pays et notre peuple retrouveront la liberté. C'est à ceux d'entre nous qui sont en exil qu'incombe la responsabilité principale de préserver notre culture et nos traditions, si fortement attaquées dans notre patrie. Nous avons créé des écoles afin d'éduquer nos enfants. Nous avons rétabli nos monastères, nos couvents, nos centres médicaux traditionnels ainsi que nos institutions culturelles. Notre héritage a survécu non seulement dans l'intérêt futur de nos frères et sœurs au Tibet, mais de l'humanité tout entière. Car il y a beaucoup d'éléments dans la culture religieuse du Tibet, sa science médicale, sa philosophie pacifique et son respect de l'environnement, dont d'autres cultures pourraient amplement bénéficier.

On m'interroge souvent sur la source de la paix intérieure et de l'optimisme des Tibétains. C'est, je crois, surtout grâce à l'enseignement bouddhiste d'amour, de bonté et de tolérance. J'attache également beaucoup d'importance à la théorie de la relativité des choses, qui est d'une grande aide face à la tragédie et aux épreuves. Si vous ne regardez qu'un aspect d'un problème, cela peut être triste et décourageant. Par contre, vues sous un autre angle, les choses peuvent paraître moins graves. D'autre part, au-delà de l'influence déterminante du bouddhisme sur la culture tibétaine, celle-ci a réellement évolué en fonction du mode de vie tibétain. Notre environnement exceptionnel nous a beaucoup influencés. Des espaces vastes et ouverts avec d'amples ressources, une population peu nombreuse et des voisins lointains sont également des facteurs qui ont contribué à rendre les Tibétains généralement heureux et sereins.

Les traditions spirituelles et culturelles du Tibet ont longtemps contribué à susciter la paix en Asie. Le bouddhisme a non seulement insufflé à la nation tibétaine l'amour de la paix, mais s'est répandu du Tibet à toute l'Asie centrale, de l'Himalaya à la Mongolie. Au cours des siècles, des habitants de ces régions sont aussi venus au Tibet afin de poursuivre leurs études et leur formation. C'est pourquoi je souhaite que le Tibet redevienne un havre de paix, un sanctuaire neutre et démilitarisé où les armes seront interdites et où les gens vivront en harmonie avec la nature. Ceci n'est pas du domaine du rêve ; c'est au contraire précisément la façon dont les Tibétains se sont efforcés de vivre pendant plus de mille ans, avant l'invasion de notre pays.

Confrontés à de dures épreuves, les Tibétains à l'intérieur et à l'extérieur du Tibet ont accompli beaucoup de choses dont ils peuvent être fiers à juste titre. Leur sentiment d'identité, leur force mentale et leur volonté d'obtenir la liberté n'ont pas faibli. Néanmoins, la situation au Tibet demeure tragique. La politique inexorable de colonisation du gouvernement chinois menace non seulement de faire des Tibétains une minorité dans leur propre pays, mais de les submerger complètement. La prise de conscience à l'étranger de notre cause est importante, parce que la lutte tibétaine pour la liberté et la justice est nécessairement non violente. Ce dont nous avons surtout besoin, c'est de la sympathie et du soutien de la communauté internationale. A long terme, nous ne pourrons conserver et développer notre héritage culturel, notre identité et notre mode de vie qu'en retournant dans notre propre pays en toute liberté. Pour atteindre cet objectif, il nous faudra un soutien croissant et concerté à mes efforts pour trouver une solution pacifique et négociée au problème tibétain, dans un esprit de réconciliation et de concessions mutuelles. C'est dans cette optique que j'apprécie sincèrement les efforts d'Olivier Föllmi et de sa femme, Danielle, pour nous aider de diverses façons pratiques. En particulier, ce recueil de photographies, « Hommage au Tibet », est d'une grande valeur pour permettre à des gens qui autrement n'auraient pas l'opportunité de visiter le Tibet, ou de rencontrer des Tibétains, d'apprendre à nous connaître.

Le 21 mars 1995.

TIBET
KOSHILI RANG
HIMALAYAN TAHR
WILD ASS
TIBETAN GAZELLE
TIBETAN ANTELOPE
KUM LUM RANGE
YETI
CHAROL TSO
NYAK TSO
RUNG JUNG
INDUS
MOUSE HARE
TSPARANG
CHIB CHANG TSO
WHITE-LIPPED DEER
THOLING
SHUNGPA MATSEN
NGARI
MT. KAILASH
NGANGLARING TSO
CHANG THANG
NAMRU
NAG TSANG
DRONGPA TSOGU
TANGO LAGYAL
DANGRA YUM TSO
KYARING TSO
ZILING TSO
WILD ASS
NAM TSO
MANASARWAR
MYCHEN TANGLA RANGE
SHUNG KYER
MUSK DEER
TSURPHU
TSANG
TASHI LHUMPO
LHAS
KYERONG
SAKYA
GYANTSE

Tenzin Tsonyi - Kim Yeshi

ETHER

Le Chörten est un édifice profondément symbolique du Tibet. Il est composé des cinq figures symboliques (carré, cercle,

AIR

triangle, coupe, flammèche) qui, s'empilant sur un axe vertical "Terre–Ciel", illustrent les cinq éléments (Terre, Eau, Feu, Air,

FEU

Ether) par lesquels nous percevons le monde. Le Chörten est un pont qui conduit du monde quotidien des perceptions

EAU

sensibles au royaume de la connaissance intemporelle. Dépositaire d'une influence spirituelle, il irradie la paix et le bonheur.

TERRE

།སྔོན་བརྗོད།

༄༅། །དེང་དུས་དམག་འཐབ་འཁྲུགས་འཛིངས་ཡོད་སའི་འཛམ་གླིང་གི་ས་ཁུལ་མང་པོ་ཞིག་ལ་ཞི་བདེ་དང་མཐུན་འགྲིགས་ཡོང་བཞིན་ཡོད་པ་འདིར་ང་ཚོ་དགའ་སྤྲོ་སྐྱེ་འོས་པ་ཞིག་རེད། དེ་ལྟ་ནའང་བློ་ཕམ་པ་ཞིག་ལ། རྒྱ་མིས་བོད་བཙན་བཟུང་བྱས་ནས་ལོ་ངོ་བཞི་བཅུ་ལྷག་གི་རྗེས་ལའང་དོན་གྱི་ཕ་ཡུལ་དུ་གནས་ཚུལ་དེ་ཙམ་བཟང་དུ་ཕྱིན་མེད་ཅིང་། མི་མང་རྣམས་དང་དུ་སྡུག་བསྔལ་མྱོང་བཞིན་ཡོད། འགྱུར་བ་གང་ཕྱིན་ཡོད་ཟེར་ན་རྒྱའི་དབང་འཛིན་པ་ཚོས་བཙན་ཤུགས་ཆེ་རུ་བཏང་ཡོད། ཁོང་ཚོས་བོད་ཀྱི་གནད་དོན་དེ་བོད་མི་མང་གི་འདོད་བློ་དང་། ལྷན་སྐྱེས་ཀྱི་འགྲོ་བ་མིའི་ཐོབ་ཐང་ལ་བརྩི་འཇོག་མ་བྱས་པར་ཐག་གཅོད་བྱེད་ཀྱི་ཡོད་པ་གསལ་པོ་ཡིན།

།ཉེ་དུས་བོད་ནང་ཆབ་སྲིད་ཀྱི་དབང་བསྒྱུར་དམ་དུ་གཏོང་སླད་ཐབས་བྱུས་གསར་པ་འགའ་ཞིག་ལག་བསྟར་བྱས་ཡོད། འགྲོ་བ་མིའི་ཐོབ་ཐང་དང་རང་དབང་ལ་རྩོད་ལེན་བྱེད་མི་རྣམས་ལ་ཉེས་ཆད་དྲག་པོ་གཏོང་བའི་ལས་འགུལ་གསར་པ་སྤེལ་བ་དང་། ཆོས་དང་རྒྱལ་གཅེས་ཀྱི་བསམ་བློ་འཆང་ཡོད་པའི་དོགས་གཞི་ཅན་གྱི་མི་དང་། ཐ་ན་བོད་ཀྱི་སྐད་ཡིག་ཙམ་བསླབ་མཁན་དང་། སྔོར་གྱི་སློབ་གྲྭ་སྒོ་ཕྱེ་མཁན་ཡང་ཆབ་སྲིད་ཀྱི་སྡུག་སྦྱོང་དྲག་པོ་གཏོང་བའི་ཐ་ཚབས་གསར་པ་ཞིག་གི་ནང་ཚུད་ནས་དཀའ་སྡུག་མྱོང་བཞིན་ཡོད། ད་ཡོད་དགོན་པ་ཁག་ལ་སྐོར་བསྐྱུད་བས་ཞིབ་བཤེར། གྲྭ་བཙུན་གསར་ཞུགས་དང་། དགོན་པ་སྐྱར་གསོ་དང་གསར་རྒྱག་བྱེད་མི་ཆོག་པའི་བཀག་སྡོམ། ཕྱི་མི་སྤྱི་འཚམ་བལྟ་སྐོར་ཡོང་མཁན་ལ་སྒྲེ་ཤན་གྱི་ལས་ཀ་བྱེད་པའི་བོད་མི་རྣམས་ལས་ཀ་དེ་ལས་ཕྱིར་འབུད་བྱས་པ། བོད་ཕྲུག་རྣམས་ཕྱིའི་རྒྱལ་ཁབ་ཁག་ཏུ་སློབ་སྦྱོང་ཆེད་འགྲོ་མི་ཆོག་པ་བཟོས་པ། སློབ་སྦྱོང་བྱེད་བཞིན་རྣམས་ཕྱིར་ལོག་དགོས་པའི་བཀའ་བཏང་བ་སོགས་བྱས་ཡོད། དེ་དང་ཆབས་ཅིག་བོད་དུ་གཏན་སྡོད་གཞིས་ཆགས་སླད་རྒྱ་མི་གྲངས་འབོར་ཁྲིན་ཆེ་བཀག་འགོག་མི་ཐུབ་པ་ཞིག་མུ་མཐུད་བོད་ནང་ཡོང་བཞིན་པ་བཅས་ནི། ད་ལྟའི་གནས་སྟངས་དངོས་ཡོད་ཡིན།

ང་ཚོ་བོད་མི་རྣམས་དཀའ་ཐུབ་བཟོད་བསྲན་དང་། ཐབས་ཤེས་ཐུབ་མཁན་གྱི་མི་རིགས་ཤིག་ཡིན། ང་ཚོའི་འཐབ་རྩོད་ནི་དྲང་བདེན་གྱི་སླད་ཡིན་ཅིང་། མཐར་བདེན་དོན་ལ་རྒྱལ་ཁ་འཐོབ་རྒྱུ་དང་། རང་ཉིད་ཀྱི་ལུང་པ་སླར་ཡང་རང་དབང་ཅན་ཞིག་འགྱུར་ཡིད་ཆེས་མུ་མཐུད་བྱེད་བཞིན་ཡོད། ང་ཚོ་བོད་རང་ཉིད་ཀྱི་ལུང་པར་ང་ཚོའི་གོམས་གཤིས་དང་རིག་གཞུང་ཉམས་བཤིག་གཏོང་བཞིན་པའི་སྐབས་འདིར་ང་ཚོ་བཙན་བྱོལ་དུ་ཡོད་པ་ཚོས་དེ་དག་མི་ཉམས་གཅེས་འཛིན་བྱེད་པར་འཁུར་འཁྱེར་གཙོ་བོ་བླངས་ཏེ། ཕྲུག་གུའི་ཤེས་ཡོན་ཆེད་སློབ་གྲྭ་ཁག་བཙུགས་ཡོད་པ་དང་། དེ་བཞིན་དུ་གྲྭ་བཙུན་གྱི་དགོན་སྡེ་ཁག་དང་། སྨན་རྩིས་སློབ་གྲྭ་སོགས་རིག་གཞུང་སློབ་གཉེར་གང་ཁག་མང་པོ་ཞིག་བཙུགས་ཡོད།

ང་ཚོས་མི་རབས་ནས་བརྒྱུད་པའི་རིག་གཞུང་སྲོལ་བཟང་དེ་དག་མ་བརླབ་པར་གཅེས་འཛིན་ཐུབ་པ་འདིས་རིམ་པས་གཞིས་ལུས་བོད་ཀྱི་སྤུན་ཟླ་ཕོ་མོ་རྣམས་ཙམ་མ་ཡིན་པར་འགྲོ་བ་མི་རིགས་སྤྱི་ལ་ཞབས་འདེགས་ཕན་ཐོགས་ཡོང་རྒྱུ་རེད། ཞི་བདེར་གཙོ་བོར་དམིགས་པའི་བོད་ཀྱི་ཆོས་དང་འབྲེལ་བའི་རིག་གཞུང་། དཔེར་ན། བོད་ཀྱི་གསོ་བ་རིག་པ་དང་། ཁོར་ཡུག་ལ་བརྩི་སྲུང་བྱེད་ཚུལ་སོགས་གཞན་ལ་ཕན་ནུས་ཆེ་བའི་རིགས་མང་པོ་ཞིག་ཡོད། བོད་མི་ཚོའི་ནང་གི་སེམས་སྟོབས་དང་། ཞི་བདེའི་འབྱུང་ཁུངས་གང་ཡིན་ཞེས་དོན་ལ་དྲི་བ་ཡང་ཡང་ཡོང་གི་འདུག ངོས་ཀྱི་བསམ་པར་དེ་ནི་སྟོན་པ་སངས་རྒྱས་ཀྱིས་བྱམས་སྙིང་རྗེ་དང་། བཟོད་བསྲན་དགོས་པའི

བསླབ་བྱ་གནང་བ་ལ་བརྟེན་ནས་བྱུང་བ་ཞིག་རེད། ལྷག་པར་དུ་ཆོས་ཐམས་ཅད་ཕན་ཚུན་ལྟོས་ནས་གྲུབ་པར་གསུངས་པ་དེས་བྱ་བ་སྤྱི་དང་། བྱེ་བྲག་ཏུ་དཀའ་སྡུག་དང་འགལ་རྐྱེན་འཕྲད་སྐབས་བསླབ་བྱ་འདི་ང་ཚོར་ཧ་ཅང་ཕན་ནུས་ཆེ། འགལ་རྐྱེན་འཕྲད་སྐབས་ང་ཚོས་གནས་ཚུལ་ངོས་གཅིག་རང་ལ་བལྟས་ནས་བསྡད་ཆེ་བློ་ཕམ་དགོས་པ་དང་། ཡིད་ཤུམ་དགོས་པ་ཞིག་ཡོད་རུང་། ཕྱོགས་གཞན་ཞིག་ནས་བལྟས་ན་དེ་ཙམ་དཀའ་ངལ་མེད་པ་ཞིག་མཐོང་ཐུབ། བོད་ཀྱི་རིག་གཞུང་ལ་ནང་ཆོས་ཀྱིས་ནུས་པ་ཤུགས་ཆེ་ཐེབས་ཡོད་རུང་རྒྱ་བོད་ཀྱི་རིག་གཞུང་དེ་བོད་མི་རང་ཉིད་ཀྱི་མི་ཚེའི་གོམས་གཤིས་ཡོངས་སུ་རྫོགས་པ་ལས་བྱུང་བ་ཞིག་ཡིན་ཞིང་། ཡངས་ཤིང་རྒྱ་ཆེ་རང་བྱུང་ཐོན་སྐྱེད་ཕུན་སུམ་ཚོགས་པའི་ང་ཚོའི་ཁོར་ཡུག་གི་གནས་སྟངས་ཐུན་མོང་མ་ཡིན་པ་དེ་དང་། ང་ཚོ་མི་འབོར་ཉུང་ལ་ཁྱིམ་མཚེས་ཁག་དང་བར་ཐག་རིང་པོར་གནས་ནས་ཡོད་པ་དེ་དག་ཀྱང་བོད་མི་རྣམས་ཞི་བདེ་བག་ཐེབས་དང་གནས་པའི་ཆ་རྐྱེན་དུ་གྱུར་ཡོད།

བོད་ཀྱི་ཆོས་དང་རིག་གཞུང་གི་གོམས་གཤིས་ཀྱིས་ཨེ་ཤ་ཡའི་ནང་གི་ཞི་བདེར་ཞབས་འདེགས་སྟེར་དུས་ཡུན་རིང་པོ་ནས་ཞུས་ཡོད། ནང་ཆོས་ཀྱིས་བོད་མི་རྣམས་ཞི་བདེར་དགའ་བའི་རྒྱལ་ཁབ་ཞིག་ཏུ་བསྒྱུར་བ་ཙམ་མ་ཟད། བོད་ནས་ཧི་མ་ལའི་རི་བརྒྱུད་ནས་བཟུང་སྟེ་སོག་ཡུལ་བར་དབུས་ཨེ་ཤ་ཡའི་བར་ཡོངས་སུ་རྫོགས་པར་དར་ཁྱབ་བྱུང་། དུས་རབས་མང་པོའི་རིང་ས་ཁུལ་དེ་དག་གི་མི་རྣམས་བོད་ལ་སློབ་སྦྱོང་བྱེད་པར་ཡོང་གི་ཡོད། དེར་བརྟེན་མ་འོངས་པར་སླར་ཡང་བོད་དེ་དམག་འཐབ་སྤངས་ཞིང་གོ་མཚོན་བཀག་སྡོམ་ཡོད་པ། མི་རྣམས་ཕྱིའི་རང་བྱུང་གི་ནུས་ཤུགས་དང་མཛའ་མཐུན་གྱིས་གནས་པའི་ཞི་བདེའི་བསྟི་གནས་ཤིག་ཏུ་བསྒྱུར་རྒྱུ་དེའི་རེ་འདུན་ཡིན། དེ་ནི་རྨི་ལམ་ལྟ་བུ་མ་ཡིན་པར་ང་ཚོའི་ལུང་པར་གཞན་གྱིས་བཙན་འཛུལ་མ་བྱས་པའི་གོང་ནས་བོད་མི་ཚོས་དེ་ལྟར་གནས་རྒྱུར་ལོ་སྟོང་ཕྲག་ལྷག་ཙམ་རིང་འབད་བརྩོན་བྱས་ནས་བསྡད་ཡོད།

དཀའ་ངལ་དང་འགལ་རྐྱེན་ཤུགས་ཆེ་འཕྲད་སྐབས་བོད་ཕྱི་ནང་གང་སར་ཡོད་པའི་བོད་མི་ཚོས་སྤོབས་པ་སྐྱེ་ཚོག་པའི་གྲུབ་འབྲས་སོན་ཡོད་ཅེས། རང་དབང་གི་དོན་དུ་ཆེག་སྒྲིལ་དང་། སེམས་ཤུགས་ཀྱི་བསམ་བློ་ཉམས་ཆག་ཕྱིན་མེད། ད་དུང་བོད་ནང་གི་གནས་ཚུལ་ནི་ཛ་དྲག་དང་ཡོད་ཅེས། རྒྱ་མིས་བོད་དུ་རྒྱའི་མི་འབོར་སྤོ་ཤུགས་ཀྱི་སྲིད་བྱུས་སུ་མཐུད་ལག་བསྟར་བྱས་པ་དེས་བོད་མི་རྣམས་རང་ཉིད་ཀྱི་ལུང་པར་གྲངས་ཉུང་མི་རིགས་ཤིག་ཏུ་བསྒྱུར་བས་མ་ཚད་བོད་རིགས་ཀྱི་ངོ་བོ་རྩ་བརླག་ཏུ་གཏོང་རྒྱུར་ཉེན་ཁ་ཆགས་བཞིན་ཡོད།

རང་དབང་དང་དྲང་བདེན་གྱི་ཆེད་དུ་བྱེད་པའི་བོད་མིའི་འཐབ་རྩོད་ནི་འཚེ་མེད་ཞི་ལམ་ལ་བརྟེན་ཡོད་པས། རྒྱལ་སྤྱིའི་མང་ཚོགས་ནས་རྒྱབ་སྐྱོར་དང་། ཤ་ཚ་ངེས་པར་ཐོབ་དགོས། ང་ཚོའི་མི་རབས་ནས་བརྒྱུད་པའི་རིག་གཞུང་དང་། ངོ་བོ། མི་ཚེ་སྐྱེལ་སྟངས་རྣམས་ཉམས་མེད་སྲུ་མཐུད་རྒྱུན་རིང་ཉར་ཚགས་ཐོག་རང་དབང་ཐོབ་སྟེ་རང་ཉིད་ཀྱི་ལུང་པར་ཕྱིར་ལོག་ཐུབ་པ་ཞིག་དགོས། དེའི་སླད་དུ་ངོས་ནས་བོད་དོན་དེ་ཕན་ཚུན་གོ་བསྡུར་དང་། ཁ་ཞེ་གཉིས་མེད་ཀྱི་ཞི་བདེ་ལྷ་འགྲིགས་ཡོང་རེའི་ཐབས་ལམ་བློ་འཁྱེར་ཏེ་ཞི་བདེའི་ཐབས་ལམ་བརྒྱུད་སེལ་ཐབས་ལ་འབད་བརྩོན་བྱེད་བཞིན་པ་འདིར། རྒྱལ་སྤྱིའི་མང་ཚོགས་ནས་ནུས་ཤུགས་སྤྲོ་ཏེ་སྲུ་མཐུད་རྒྱབ་སྐྱོར་བྱེད་དགོས། དེར་བརྟེན་ད་ལམ་སྐུ་ཞབས་ཨོ་ལི་ཕྲི་ཡར། ཐོལ་མི་དང་། ཁོང་གི་སྐུ་ཟླ་ཊེ་ནེ་ཡབ་ཡུམ་གཉིས་ནས་དངོས་སུ་ལག་ལེན་ཐོག་ཕན་གྲོགས་ཇི་བྱས་ལ་རྗེས་སུ་ཡི་རངས་དང་། ལྷག་པར་དུ་ད་ལམ་"བོད་ལ་གུས་བཏུད་"ཅེས་པའི་དཔར་རིས་ཅན་གྱི་དེབ་བཏོན་པ་འདིས་བོད་ལ་འགྲོ་མ་ཐུབ་པ་དང་། བོད་མིར་ཐུག་འཕྲད་པ་ཐུབ་པ་རྣམས་ང་ཚོའི་སྐོར་ཤེས་ཚོར་མང་ཙམ་ཡོད་རྒྱུར་ཕན་ཐོགས་ཆེན་པོ་ཡོང་ངེས་ཡིན།།

BIR, 3 avril - A l'inauguration de l'école Tibétaine pour réfugiés de Bir (Inde), un étudiant récemment exile

བིར་ནས་ ༣ ཕྱི་ཟླ་ཚེས་ལ། བོད་མི་སྐྱབས་བཅོལ་བའི་སློབ་གྲྭའི་མདུན་དུ། རྒྱལ་བ་རིན་པོ་ཆེ་སྤྱན་སྔར་དུ། བོད་ནས་

BIR, April 3, - At the inauguration of the Tibetan school for refugees in Bir, India, before His Holiness the Da

du Tibet chante devant Sa Sainteté le Dalaï Lama la torture de sa patrie mutilée, de sa famille décimée.

ན་པ་དེ་ཀའི་སློབ་གྲྭ་བ་གཅིག་གིས། བོད་ལྗོངས་རྩ་ཞིག་པ་དང་ཁོའི་མི་ཚང་སེམས་སྡུག་གི་གསར་འགྱུར་ལབ་ཀྱི་འདུག།

ï Lama, a recently exiled Tibetan student becries the pain of a country rent asunder and a family slaughtered.

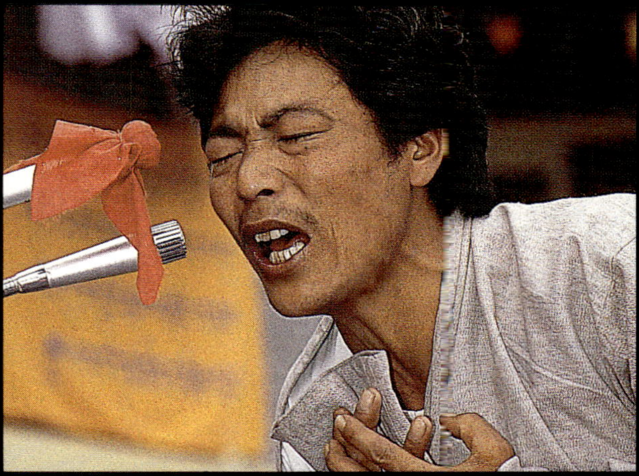

HOMMAGE AU TIBET ET A SON PEUPLE

" Le XXIe siècle sera spirituel ou ne sera pas " Malraux

UN PAYS À L'AGONIE

Débutée en mai 1951 avec l'armée communiste chinoise, « la glorieuse libération pacifique du Tibet » s'est soldée par l'invasion d'un pays, la destruction sauvage d'un patrimoine et par l'anéantissement d'une culture millénaire. En 1985, au Tibet, on lisait encore sur chaque visage l'horreur de la révolution culturelle chinoise, 6 254 temples ont été rasés, des milliers de moines et de nonnes porteurs d'une culture unique sur notre planète ont été torturés puis passés par les armes. 1 200 000 Tibétains, soit 1/6e de la population, sont morts massacrés ou morts de faim pendant ces « réformes agraires » dont les théoriciens communistes étaient friands.

Carte du Tibet, palais du Potala et drapeau national du Tibet.

© Dessin d'enfant réfugié Tibétain.

Dix ans plus tard, en 1995, alors que la Chine se targue d'être en pleine « libéralisation », le toit du monde est aux portes de l'enfer, en phase terminale d'agonie. Dans son pillage colonial, le gouvernement communiste chinois rend le Tibet exsangue : Tibet spirituel décapité, peuple peu à peu exterminé, faune décimée, transfert massif de populations chinoises au Tibet, exploitation abusive des sous-sols miniers, déforestations massives aux répercussions incalculables, pollution des rivières par l'extraction inconséquente des gisements d'uranium, bases nucléaires dispersées à ciel ouvert dans le Nord.

Miroir des dieux, le Tibet est devenu la poubelle de la Chine.

Le Tibet est stratégique. Sa situation géographique en fait une plateforme unique pour lancer une offensive nucléaire contre l'Inde et la Russie. Écosystème d'altitude le plus vaste au monde, le Tibet est le plus grand réservoir d'eau de l'Asie, la source de ses six plus grands fleuves, clef de la vie de centaines de millions d'êtres humains : le Yang Tsé, le Fleuve jaune, le Brahmapoutre, l'Irrawady, la Salwen, l'Indus. Par leur main-mise, le gouvernement communiste chinois peut maintenir une ombre menaçante pour le sous-continent indien. Mao avait raison de penser que la Chine tirerait d'avantage du Tibet que ce qu'elle allait lui donner...

Le Potala, résidence des Dalaï Lamas, est transformé en musée

Lhassa : 40 000 Tibétains - 160 000 Chinois

Un marché chinois à Lhassa

UN TIBET SANS TIBÉTAINS

Barbares du XXIe siècle, les maîtres de Pékin veulent un Tibet non seulement chinois, mais un Tibet sans Tibétains. Ils entreprennent la phase finale d'extermination du peuple tibétain qui vit son ultime tragédie à huis-clos : arrestations massives et arbitraires, tortures de plus en plus sophistiquées, avortements, stérilisations forcés, prélèvements et vente d'organes des prisonniers exécutés. Le Nord du Tibet, l'Amdo, est peuplé d'immenses camps de « rééducation par le travail », les goulags chinois, pour les bagnards chinois ou tibétains. Afin de rendre démographiquement impossible une révolte des Tibétains, le gouvernement communiste transfère des marées de population Hans. En 1995, il arrive entre 1 000 et 3 000 colons Chinois par jour au Tibet. Dans la région de Kong Po, on compte 25 Chinois pour 1 Tibétain. Les terres cultivables sont envahies, les Tibétains, qui ne trouvent plus de travail, sont traités comme des sous-hommes. L'invasion chinoise d'aujourd'hui est une colonisation sans précédent du Tibet.

Que vont y faire les Hans – l'ethnie majoritaire en Chine – loin de leurs plaines, sur les hauts plateaux où vit une population qu'ils méprisent ? La réponse donne le vertige : on estime à 130 millions le nombre de paysans chinois sans emploi depuis le début de la décollectivisation des campagnes dans les années 1980. 80 millions d'entre eux constituent une population flottante qui erre entre les centres urbains. Le Ministère du Travail Chinois prévoit 260 millions de chômeurs en l'an 2000. Le nom chinois du Tibet, le Xizang (la maison des trésors de l'Ouest) sonne donc comme une promesse d'Eldorado. Les salaires y sont doublés. Cette incitation suffit à attirer de nombreux candidats à la colonisation. Et l'afflux de devises étrangères, avec le développement du tourisme, excite la convoitise des pionniers.

Les 6 millions de Tibétains sont aujourd'hui une minorité ethnique et culturelle dans leur propre pays et doivent cohabiter avec 7,5 millions de Chinois. Interdite jusqu'en 1987, la langue tibétaine devient la langue des incultes. Le chinois est la langue officielle. Pékin tâche de faire croire que la culture tibétaine ne vaut rien, même aux yeux des gens de Lhassa. Les trois écoles privées qui enseignaient le tibétain dans la capitale ont été fermées de force. L'écriture tibétaine, patrimoine de l'humanité, l'une des 30 écritures dans le monde, disparait à tout jamais. La télévision est une arme insidieuse. Plus d'une centaine de stations d'émission sont mises en place pour transmettre des programmes chinois. Régulièrement, des communiqués de propagande glorifient « l'armée populaire de libération qui a mis en fuite le Dalaï Lama et toute sa clique et a libéré les Tibétains de leur esclavage. » Cependant, pour attirer les touristes au Tibet et soutirer leurs devises, le gouvernement occupant leur vante, hypocrite, la « culture unique et glorieuse des Tibétains, modèle de paix et de sagesse », les incite à « suivre la trace des pélerins et à découvrir le Potala, fierté du valeureux peuple chinois. » Tout n'est que façade. Les moines ne reçoivent aucun enseignement religieux. Leur nombre est limité. Très contrôlés, ils n'ont qu'un rôle de marionnette. Au cours de cette vaste escroquerie touristique, 80 000 touristes ont débarqué à Lhassa en 1994, conduits en groupe sous bonne escorte, encadrés de près par des accompagnateurs exclusivement chinois, pour la plupart incultes, qui véhiculent le mépris général.

LHASSA, BANLIEUE SINISTRE

Le sort de Lhassa, la capitale, est déjà joué: 40 000 Tibétains et 160 000 Chinois. La ville sainte, est devenue une sinistre agglomération de banlieue. La destruction de la vieille Lhassa a commencé en 1985 dans un but de surveillance. Le noyau historique, qui ne représente plus que 3 % de la surface de la ville, est disséminé dans un quadrillage de blocs d'habitations à l'esthétique tristement communiste, occupées par des Chinois. Les 97 % des échoppes sont chinoises. Les bars à karaoké fleurissent à tous les coins de rue. Tout est mis en œuvre pour dévoyer les jeunes Tibétains et ruiner les liens familiaux. A la tombée du jour, un millier de jeunes prostituées chinoises racolent leurs clients dans plus de 300 bars où les jeunes, désœuvrés, viennent s'enivrer. Pour faire rentrer son enfant à l'école, pour obtenir une autorisation de commerce, les Tibétains sont tenus de prouver leur attachement sans faille au régime communiste, avant de payer des taxes qui sont plus lourdes pour

Lhassa, nouvelle zone économique chinoise.
Au fond, le Potala

A Shigatsé, des pèlerins se prosternent devant le Tashilumpo

Un pèlerin rend hommage au Dalaï Lama,
devant le Potala

Comme 6 254 autres monastères, Ganden Gompa fut entièrement détruit

Bravant les interdictions, les villageois reconstruisent pierre par pierre leurs monastères

Une caméra vidéo fiche les pélerins à leur sortie du temple du Jokhang à Lhassa

Chaque année, à Lhassa, éclatent des manifestations contre l'invasion chinoise © John Ackerly

eux que pour les Chinois. La police continue à fouiller les maisons des Tibétains. Toutes les nuits, à des heures différentes. C'est une façon, pour la police, d'entretenir la terreur parmi la population.

Au milieu du chaos d'intolérance et de violence qu'est devenue Lhassa, réside un petit noyau de paix, au cœur de la ville : le sanctuaire du Jokhang. Ce temple fondé au VIIe siècle incarne les valeurs profondes auxquelles les Tibétains croient de toute la force de leurs prières. Hommes, femmes et enfants font, seuls ou en famille, des mois de marche, des jours de camion pour venir y exprimer leur dévotion. A la quiétude de leur visage, à la douceur de leur regard, on devine qu'ils réalisent ici ce qu'ils estiment de plus noble : venir prier au temple du Jokhang. Après s'en être servi comme abattoir à cochons, le gouvernement communiste chinois tolère que le Jokhang retrouve son âme : c'est une bonne attraction touristique. A l'entrée, les pélerins se prosternent de tout leur long sur des dalles de pierre. Une rumeur de prière plane sous la voûte de bois peint. Dans la cour intérieure, sous un préau de bois sculpté, luisent des centaines de lampes à beurre. Des hommes aux lourds manteaux de peaux, des femmes aux nattes égrenées de turquoises passent doucement d'une lampe à l'autre, de flamme en flamme, les deux mains jointes, et murmurent des prières. Plus loin, une porte basse donne accès à un couloir sombre d'où une deuxième porte basse mène au sanctuaire, au cœur de tous les cœurs, où l'on bascule de monde. Là, un millier de dévots butinent de chapelle en chapelle, le regard rivé aux dieux, de l'encens dans les mains, des larmes dans les yeux. Ici, l'homme rejoint sa nature divine. Dans l'intimité du temple, à la lueur chancelante des bougies, battent les lentes pulsations du monde tibétain. Lorsque, bouleversés, les pélerins quittent le temple du Jokhang, une caméra vidéo les filme à la sortie, camouflée sur le toit d'un poste de police banalisé. Un micro longue portée capte tous leurs propos, permettant de ficher chacun à son insu.

Chaque année, des manifestations nationalistes éclatent aux abords du Jokhang. Les moines et les nonnes surtout se révoltent. Beaucoup d'entre eux, un jour ou l'autre, préfèrent mourir plutôt que de se taire. C'est la raison pour laquelle le gouvernement occupant a ordonné dès janvier 1995 une surveillance encore plus étroite des activités religieuses et l'arrêt de toute construction ou rénovation de monastères, considérés comme des nids « d'activités contre-révolutionnaires », un des crimes les plus graves en droit chinois. La police est descendue dans tous les monastères, accompagnée d'équipes de rééducateurs politiques. Mais, peuple aux poings liés, les Tibétains se battent avec l'énergie du désespoir, bravent les interdictions et reconstruisent, pierre par pierre, leurs monastères pour manifester leur foi. Entre deux regards furtifs, les pèlerins mendient à tout étranger une photo, interdite, de leur chef spirituel exilé qu'ils placent en hâtent sous leur chapeau en guise de respect. Même prononcer le nom du Dalaï Lama est interdit. Celui qui commet l'affront de réclamer son retour est jeté en prison pour vingt ans. Pour celui qui ose manifester pour un Tibet indépendant, la punition est exemplaire, l'exécution sommaire : une balle dans la tête.

LE TIBET EN EXIL

Le Dalaï Lama et une centaine de milliers d'hommes et de femmes se sont exilés en Inde, en 1959. Totalement démunis au début de leur exil, ils ont réussi à rebâtir peu à peu leur monde, à maintenir leur culture et à restructurer leur société qu'ils font revivre, malgré des conditions d'extrême difficulté. Ils ont créé un gouvernement, reconstruit des monastères où

Des moines se révoltent, à Lhassa. © John Ackerly

Cette vieille femme vit depuis 30 ans en exil dans cette cabane, à Patlikuhl (Inde)

Malgré des conditions d'extrême difficulté, les Tibétains réfugiés ont su maintenir leur culture

Les Villages des Enfants Tibétains élèvent plus de 10 000 enfants en exil. Ici, à Patlikuhl, en Inde

Par amour, les parents se séparent de leurs enfants pour leur offrir un avenir. Le gouvernement chinois cherche à déstabiliser ces écoles

A l'institut du Norbulingka, à Dharamsala, de jeunes artistes exilés perpétuent la culture tibétaine

Malgré leurs conditions d'exil très précaires, les Tibétains ont recréé leurs institutions monastiques. Ici Tso Pema, Inde

les maîtres perpétuent leurs enseignements aux jeunes moines. Ils ont bâti des écoles où ils éduquent dignement plus de 10 000 enfants que soutiennent des parrains du monde entier. Ces écoles sont côtées parmi les meilleures de l'Himalaya. Les parents, au Tibet, n'hésitent pas à franchir clandestinement des cols à plus de 5 000 mètres avec leurs jeunes enfants pour les confier aux TCV, Village des Enfants Tibétains. Par amour, ils s'en séparent pour des années ou même à jamais. Une trentaine d'enfants s'échappent ainsi chaque mois en franchissant les remparts de l'Himalaya. Mais le gouvernement communiste chinois s'acharne au-delà des frontières. Chaque année, le régime de Pékin tente de destabiliser la communauté en exil en Inde et ses écoles. Ces trois dernières années, il y envoyait des agents infiltrateurs afin de créer des émeutes. Cette année, les familles au Tibet qui ont confié leurs enfants aux Villages des Enfants Tibétains sont menacées de licenciement, de retrait de carte de rationnement et de perte des avantages acquis, si elles ne font pas revenir immédiatement leurs enfants. Parmi les milliers de familles concernées, seules sept ont cédé au chantage, les autres ont préféré subir les sanctions mais préserver la liberté de leurs enfants.

De son côté, le Dalaï Lama parcourt la terre pour semer un message de Paix et de Responsabilité Universelle. « Les êtres humains doivent s'éveiller ». Systématiquement, lorsqu'un pays accepte sa visite, le gouvernement communiste chinois proteste par voie diplomatique, tâchant de faire pression par un chantage économique. Le Dalaï Lama pense que le but commun à toutes les religions, un but que chacun doit tenter de retrouver, est de cultiver la tolérance, l'altruisme et l'amour. D'après lui, si le bouddhisme authentique des lamas tibétains disparait de la surface de la terre, cette perte va créer un déséquilibre qui nous concerne tous et nous devons en prendre la responsabilité. Prix Nobel de la Paix en 1990, le Dalaï Lama a proposé avec le gouvernement tibétain en exil de créer au Tibet un Sanctuaire de Paix. Pendant ce temps, le gouvernement communiste chinois déverse ses déchets nucléaires dans le lac tibétain de Koko Nor, l'une des plus grandes réserves en eau potable d'Asie, et expérimente des tirs nucléaires de 1 000 kilotonnes. Qui devra répondre de ces actes irresponsables, dans une génération ? Berné par l'appât d'un gain immédiat, aveuglé par l'espoir d'un miracle économique avec la Chine, aucun gouvernement n'ose réagir et mettre en péril ses relations avec le dragon. Cependant, le monde se rétrécit, les actes de chacun deviennent la responsabilité de tous.

Et l'indifférence devient complicité.

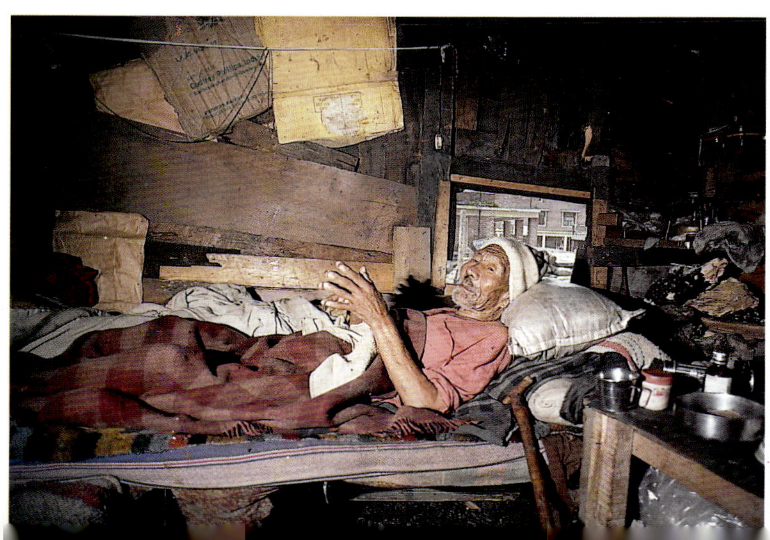

Pot de fer contre pot de terre, sans bouleversement politique, dans moins de dix ans la civilisation tibétaine aura disparu de notre terre, de par la volonté délibérée d'un gouvernement, de par le laxisme et les intérêts du monde industriel. Comment nos enfants et les générations à venir nous jugeront-ils ?

Olivier Föllmi

« La société industrielle moderne est une religion fanatique. Nous saccageons, empoisonnons, détruisons tous les écosystèmes de la planète. Nous signons des reconnaissances de dettes que nos enfants ne pourront jamais payer. Nous nous conduisons comme si nous étions la dernière génération sur terre. Sans un changement radical dans nos coeurs, nos esprits et notre perspective, la terre finira comme Vénus, calcinée, morte. »

José Antonio Luztenberg,
Ministre Brésilien de l'Environnement.

Régulièrement, le Dalaï Lama et les maîtres Tibétains réfugiés donnent des enseignements aux moines et aux laïcs. Ici, à Bodhgaya (Inde)

Manifestation à Dharamsala ; l'Inde est le principal pays d'accueil des réfugiés Tibétains

Combien de Tibétains souffrent de mourir en exil, comme ce vieil homme à Patlikuhl ?

De Kathmandu au Minya Konka

Cet ouvrage a été inspiré par une expédition mise en place par René Collet, Président du groupe Omnium, et parrainée par la SBF-Bourse de Paris, Sogéposte, l'Agéfi et le Figaro.

Partis en octobre de Kathmandu, nous avons traversé le Tibet, du sud à l'extrême est, pour rejoindre Dartsedo que la Chine appelle Kangding, dans le Kham. Notre but final est de gravir le Minya Konka, « le Roi des Montagnes », culminant à 7 556 mètres, qui délimite géographiquement et ethniquement le plateau tibétain des plaines chinoises du Setchouan. Contempler le Minya Konka équivaut, pour les Tibétains, à cent jours de prière.

ANNA COLLET

Fleuve Mekong

ANNA COLLET

Au cœur du Tibet près du lac Rawu

Notre équipe se compose de trois Françaises et sept Français, de cinq compagnons du pays Sherpas, trois jeunes guides chinois et deux grimpeurs du Kazakhstan.

TRAVERSÉE DU TIBET
(texte et photos d'Anna Collet)

Cette traversée de Kathmandu à Lhassa, puis de Lhassa à Chengdu, représente 3 700 km et emprunte la piste stratégique construite en moins de deux ans par deux millions d'ouvriers. Cet itinéraire inouï parcourt le Tibet des hauts plateaux à 5 000 mètres aux gorges de la Salween, du Mékong et du Fleuve Bleu.

ANNA COLLET

Chaque jour, nous vivons une surprenante différence avec le jour précédent. Au début, peu après Lhassa, par des routes absolument inexistantes, nous grimpons des cols au sommet desquels toute la lumière du Monde se reflète dans des lacs immenses, nous éblouissant de bleu, de calme et de paix.

Le jour suivant, nous repartons dans des gorges profondes, rougies par l'automne, en affrontant le danger permanent des chemins taillés au jour le jour à la pelle dans la montagne, avec des avalanches incessantes de roc et de sable.

Un autre jour, nous retrouvons la vie simple et merveilleuse au pied de quelques grands sommets enfouis dans les nuages. Un lac, une île, des moissons séchant à bout de perche, des maisons en pierre, des greniers pleins de foin, des êtres sans âge, des enfants farouches. Tout vibre, tout a une âme. Nous n'existons pas, seules les photos témoignent de notre passage.

ANNA COLLET

Nous repartons et allons de surprise en surprise. Nous atteignons d'autres cols, d'autres vallées : jaune, or, lumière, vert d'eau, collines douces et arrondies... Le silence et les odeurs du soleil sur le vaste tapis herbeux nous enivrent. Nous traversons de riches pâturages bordés de forêts de sapins où paissent de vastes troupeaux de moutons.
Quelle douceur !

Les jours suivants, nous atteignons ces hauts plateaux immenses où vivent les enfants de la poussière, où le vent a patiné toutes les couleurs. L'oïl cherche un repère, une limite, une frontière. C'est l'Himalaya, au fond, qui nous signale l'horizon. Nous nous arrêtons parfois près des campements où vivent des nomades et leurs troupeaux de yaks et de moutons. Ils nous reçoivent dans leurs yourtes avec une hospitalité merveilleuse.

Nous croisons quelques cavaliers, puis des moines marchant deux par deux ou seuls, et après des heures de route nous apercevons un campement immense composé d'une gigantesque tente noire entourée d'une multitude de tentes blanches. Un événement certainement exceptionnel ! Des milliers d'hommes, moines, pèlerins, femmes, enfants, venus des montagnes, fils des steppes sans passé ni futur, sont venus écouter, fêter la parole de Bouddha. Déploiement de « tankas », de parures d'argent pour les femmes, d'offrandes des hommes. Nous sommes arrêtés et marchons, ébahis devant leur tente « cuisine » où d'immenses chaudrons alignés fument. Le Lama nous bénit et bénit nos sherpas, puis nous repartons, humbles devant ces milliers de moines assis en lotus qui psalmodient à voix basse, récitant les textes sacrés. Le bruit des prières de la fête et des instruments de prière contraste avec le calme éternel de la nature. Il faut déjà partir.

Les hauts plateaux s'ouvrent et nous retrouvons le long tracé des grands fleuves d'Asie : la Salween, le Mékong et le Yang Tse Kiang. Nous les traversons tous sur des ponts surveillés par des sentinelles chinoises. Il est interdit de s'arrêter, interdit de prendre des photos... Nous dépassons encore quelques chörtens, où les esprits omniprésents sont liés aux ancêtres et à la nature, comme ceux du ciel, de la terre, de l'eau et des montagnes, et nous arrivons enfin dans les vertes vallées de Kanding.

EXPÉDITION MINYA KONKA
(texte et photos Olivier Föllmi)

Nous partons de Dartsedo avec une caravane de vingt-cinq chevaux jusqu'au monastère du Minya, à quatre jours de marche. Nous remontons des vallées de type alpestre, basculons de monde au col de Bu Tshu Longba lorsque nous quittons l'azur, pour nous constituer prisonniers de la brume et descendre au monastère du Minya. Ce lieu de paix dont les toits en pagode accrochent le brouillard nous possède. Ici, l'homme s'harmonise mieux qu'ailleurs à l'ordre du cosmos. Chantant joyeusement des litanies aux harmonies cassées, une vingtaine de villageois se répartissent les charges que les

chevaux ne peuvent acheminer sur les moraines vers le camp de base. Après cinq heures de marche sur les pierres couvertes de givre, au détour d'un pan de roche, nous distinguons de frêles tentes posées sur quelques carrés d'herbe : notre camp de base. Derrière, le Minya Konka, se dresse comme une vague d'écume.

En place depuis huit jours, l'équipe de pointe a déjà aménagé la montagne jusqu'au camp III, à 6 400 mètres. Partant y installer une seconde tente, Jef, Philippe, Norboo et moi, faisons nos adieux à Anna et Muriel, fabuleuses compagnes de voyage. La montée au camp I est dangereuse. Nous cheminons dans des pentes rocheuses pourries. Par une corde fixe, nous gravissons la pente de glace raide jusqu'aux deux tentes, à 5 400 mètres, posées dans une rimaye qui côtoie le vide. Il neige durant la nuit et à l'aube, nous devons extraire les cordes fixes ensevelies. Tels des insectes grattant la neige dans les pentes immenses, nous appréhendons les avalanches. Harassante, la montée nous prend plus de cinq heures. Arrivés aux tentes du camp II, à 6 000 mètres, le vent hurle. Nous passons toute l'après-midi dans nos frêles abris de toile à faire fondre la neige fondre, pour boire et récupérer nos forces.

La crête qui mène au camp III est truffée de crevasses, nous progressons corde tendue. La tente du camp III est située au seuil de l'éternité : de part et d'autre, l'arête plonge deux mille mètres plus bas. Nous déposons notre portage et rejoignons le camp de base. Après notre lutte dans la tourmente, nous devenons plus vulnérables à la beauté de la vie et savourons la brise dans les herbes, au pied de la montagne. René, Philippe, Marie-Hélène, Dominique, Daniel et Jef montent au camp I. Rinat et Vladimir tentent le sommet et à la radio évoquent d'une voix pétrifiée le froid qui souffle sur l'arête. Ils décident d'abandonner.

Je monte avec Pfurba au camp IV, derrière le promontoire, pour photographier nos autres compagnons qui s'élèvent vers le sommet. Le vent est d'une rare violence. Nous vivons dans un monde sans aucune demi mesure. L'intérieur de notre tente est tapissé de givre. Nous nous calfeutrons dans nos duvets trempés. Usés, nous nous contentons d'un sachet de nouilles déshydratées. Le froid nous saisit dans un étau. La montagne bleutée se drape d'un linceul. Tout n'est qu'un seul immense et intense présent dans nos consciences épurées.

A l'aube, nous devinons trois insectes qui partent à l'assaut de la montagne immense : Daniel, Jef et Philippe. En fin d'après-midi, ils se hissent sur l'arête lointaine. Leur volonté semble farouche. Pas après pas, respiration après respiration, ils arrivent à une centaine de mètres du sommet. Les conditions sont hivernales. On les sent extrêmement fatigués. Une demi-heure plus tard, à quatre-vingts mètres du sommet, ils tirent une nouvelle longueur de corde. Durant de longues minutes, on devine qu'ils se concertent. Puis, très lentement, ils rebroussent chemin... Ils ont pris la bonne décision. Nous sommes venus sur ce belvédère du monde pour accorder le battement de nos cœurs au grand pouls de la vie, pour aborder le réel et côtoyer l'éther. Notre victoire à tous est d'avoir partagé ensemble une splendide aventure humaine.

Le camp de base déserté, Jef et moi restons longtemps en arrière, communiant face à la montagne. Les êtres disparus surgissent à nos mémoires et nous rendons hommage à son père, à jamais dans nos cœurs. Nous avons vécu là une vie supplémentaire, et repartons vers la suivante, trimbalant un petit caillou de plus dans le sac de nos vies. Derrière nous, ne subsiste que le vide, chargé lui aussi, peut-être, de la mémoire de notre passage...

Les membres de l'expédition française au pied du Minya Konka

Les photographies de cet ouvrage ont été réalisées entre 1984 et 1995 au Tibet et auprès de la communauté Tibétaine exilée en Inde. Les chiffres précisés après chaque légende définissent l'objectif (Nikon) et l'émulsion utilisés. Toutes les prises de vue sont réalisées au format 24 x 36, avec des boîtiers Nikon F3 ou F4.

Page de garde : Offrandes aux divinités, sous forme d'encens et de prières lancés dans le vent par les Sherpas au camp de base lors de l'expédition française au Minya Konka.
85 mm - Kodachrome 64 asa.

Page de titre : Représentation murale de Manjuçrî, Bodhisattva du Savoir et de la Sagesse, éclairée par un rayon de soleil, dans une chapelle du Jokhang, à Lhassa.
85 mm - Ektachrome Panther 100 asa

Potala : Le Potala, à Lhassa, est la résidence des Dalaï Lamas. Ses fondations datent du VIIe siècle, sa construction principale du XVIIe siècle. C'est le plus grand monument d'Asie. Il contient plus de mille pièces. Les pèlerins suspendent des drapeaux de prières, marquant ainsi leur respect et leur reconnaissance envers leur chef spirituel en exil.
20 mm - Ektachrome Panther 100 asa

Dalaï Lama : Tenzin Gyatso, Sa Sainteté le XIVe Dalaï Lama, durant une prière rituelle dans le monastère de Namgyal, à Dharamsala, son lieu d'exil en Inde. Au-dessus la statue de Bouddha.
180 mm - Kodachrome 200 asa

Carte du Tibet : Le pays du Tibet, figuré avec toutes ses richesses culturelles. En haut de la carte figure le drapeau national tibétain. Carte conçue par Kim Yeshi et peinte par Tenzin Tsonyi à l'Institut Culturel du Norbulingka à Dharamsala en Inde, où vit une partie de la communauté tibétaine en exil.

Chörten : Le Chörten, support d'offrandes, est un édifice profondément symbolique du Tibet. Dessin au crayon de M. Dorjee Sangpo,

Mot tibétain en écriture Outchen stylisée, signifiant la Terre.
Homme sous une fenêtre : Un berger des plateaux du Changtang en pèlerinage au monastère de Drépung à Lhassa.
135 mm - Kodachrome 64 asa

Paysage et village : Village à l'automne dans la vallée de Pempo (N/E de Lhassa).
135 mm - Kodachrome 64 asa

Alpage : Yaks au soleil couchant d'automne, à l'alpage de Lhubu (aux environs de Ganden Gompa). Quelques drapeaux de prières surmontent la tente en laine de yak. Aux premières neiges, les bergers redescendront à leur village proche.
20 mm - Kodachrome 64 asa

Un Yak, deux hommes, plaine, ciel bleu et nuage : Dans la plaine de Tingri (sud Tibet), à 4 500 mètres, un couple ramène ses yaks des pâturages.
35 mm Kodachrome 64 asa

Homme et broche : Un homme de Markam (Kham) en pèlerinage à Lhassa. La broche dans ses cheveux, faite de deux turquoises et d'un corail, peut symboliser les trois joyaux du Bouddhisme tibétain.
85 mm - Kodachrome 64 asa

Monastère : Sur 6 260 monastères en activité au Tibet avant l'invasion communiste chinoise, seuls six restèrent intacts. Le monastère de Ganden, comme les autres, fut entièrement détruit lors de la révolution culturelle. Villageois et pèlerins s'affairent bénévolement à sa reconstruction malgré les interdictions récentes du gouvernement communiste chinois.
135 mm - Fuji Velvia 50 asa

Village et montagne : Village à l'automne, par jour d'orage, dans la vallée de Pempo (N/E de Lhassa).
135 mm - Kodachrome 64 asa

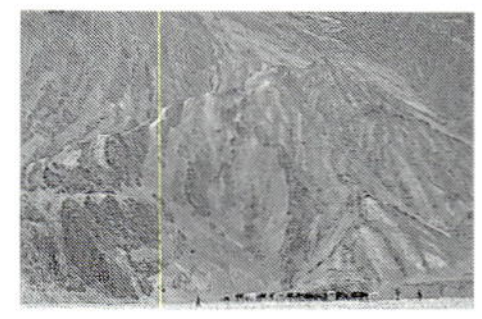

Troupeau et montagne : Près de la route du Nam Tso, en juin, un troupeau de vaches revient de la rivière où il s'est abreuvé.
135 mm - Kodachrome 64 asa

Homme au turban rouge : Un jeune Khampa de Chamdo, en pèlerinage à Lhassa. Sa coiffe, traditionnelle, est faite de laine.
135 mm - Kodachrome 64 asa

Mot tibétain en écriture Outchen stylisée signifiant l'Eau.
Drapeaux de prières et lac : A Lhassa, derrière le palais du Potala, une femme ramène sa chèvre, tout en priant avec son moulin à prière.
70 mm - Ektachrome Panther 100 asa

Village et montagne : Plaine de Tingri, 4 500 m, en été. Les nuages de la mousson buttent contre la chaîne himalayenne sur son versant népalais. Sur la droite, derrière la crête, passe la route reliant Kathmandu à Lhassa.
135 mm - Kodachrome 64 asa

Rivière bleue : La rivière Kyichu, à l'automne, vue du monastère de Ganden, au coucher du soleil.
105 mm - Fuji Velvia 50 asa

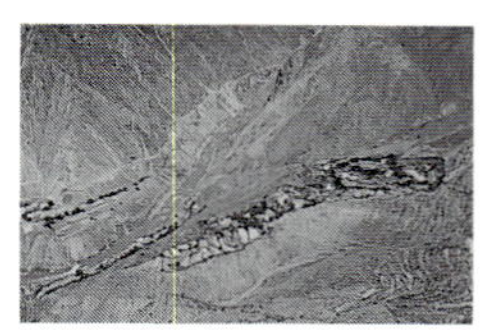

Fleuve et terrasses : Affluent du Mékong, sur la route de Markam, dans le Kham. Cultures de blé et de maïs.
35 mm - Kodachrome 64 asa

Femme à la coiffe : Femme de l'Amdo, en pèlerinage à Lhassa. Sa coiffe se compose d'ambre, de turquoise et de corail.
85 mm - Ektachrome Panther 100 asa

Anes sauvages : A l'extrême ouest des plateaux tibétains, un troupeau d'ânes sauvages, les kyang, courent dans la plaine du Tso Khar, en février. Auparavant fierté des Tibétains, la faune a été en grande partie décimée par les armées chinoises.
180 mm - Fuji Velvia 50 asa

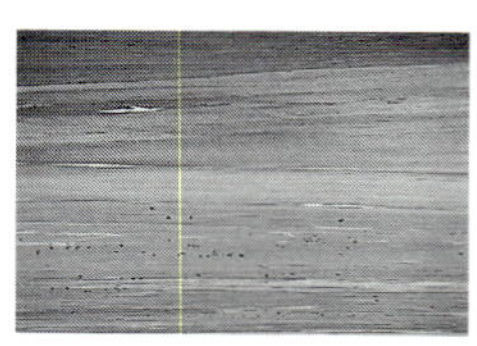

Yaks dans la verdure : Yaks paissant en juin aux abords du lac Koko Nor qui sert actuellement de décharge nucléaire.
135 mm - Kodachrome 64 asa

Village et méandres : Méandres de la rivière Kyichu vue du monastère de Ganden.
180 mm - Ektachrome Panther 100 asa

Homme qui boit : Un villageois en visite au monastère du Minya (Kham) boit un bol de thé beurré salé.
85 mm - Ektachrome Panther 400 asa

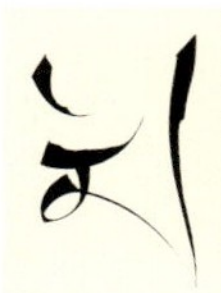

Mot tibétain en écriture Outchen stylisée, signifiant le Feu.
Moine et ruelle : Un moine se rend dans une chapelle, au monastère musée du Tashilumpo, siège du Panchen-Lama. Les 4 000 moines du monastère furent exécutés publiquement ou déportés et condamnés aux travaux forcés en 1960.
180 mm - Kodachrome 64 asa

Une femme et les moulins à prières : Une femme prie, dans l'enceinte intérieure du temple du Jokhang à Lhassa. Sur les moulins à prières, figure la prière : Om mani Pedma Hum - Que soient vénérés le Joyau (le Bouddha) et le Lotus (sa doctrine).
135 mm - Ektachrome Panther 400 asa

Des hommes font la queue : Dans l'enceinte intérieure du temple du Jokhang, des pèlerins font la queue pour entrer à l'intérieur des chapelles principales afin d'y déposer une offrande et faire bénir leur écharpe de soie blanche.
35 mm - Ektachrome Panther 400 asa

Moine aux yeux fermés : Des moines en prières lors du Kalachakra donné par le Dalaï Lama, à Bodhgaya (Inde) en 1985. Cette année-là, 100 000 bouddhistes du monde Himalayen ont participé à cet enseignement et 5000 Tibétains ont franchi clandestinement les frontières pour retrouver leur chef spirituel. (voir la dernière photo avant les textes).
135 mm - Agfa 100 asa

Femme aux bijoux : Une jeune femme de Dégé allume quelques lampes à beurre en guise d'offrande, à l'intérieur du temple du Jokhang. Elle porte une coiffe de turquoises.
20 mm - Ektachrome Panther 400 asa

Petite fille à la lampe : A l'intérieur du temple du Jokhang, une fillette de l'Amdo en pèlerinage à Lhassa avec sa famille porte en offrande une lampe à beurre, des deux mains, en signe de respect.
85 mm - Ektachrome Panther 100 asa

Homme et garçon : Un berger, de passage au monastère de Ganden., porte un sac en bandoulière dont la courroie est décorée de coquillages cousus, autrefois objets de troc.
Un garçon de l'Amdo,au temple de Jokhang.
85 mm - Ektachrome Panther 400 asa

Divinités : Fresques murales de divinités éclairées par un rayon de soleil dans une chapelle du Jokhang à Lhassa.
85 mm - Kodachrome 64 asa

Deux enfants derrière la tente familiale : A l'alpage de Lhubu, au soleil couchant, deux enfants s'amusent près de la tente familiale en laine rèche de yaks.
85 mm - Kodachrome 64 asa

Mot tibétain en écriture Outchen stylisée, signifiant le Souffle.
Montagne : En octobre, l'arête N/E du Minya Konka, 7 556 m, dans le Kham. fut longtemps estimée comme la plus haute montagne avant que Sir Everest ne détermine l'altitude exacte du Chomolunga, qui devint alors le Mont Everest.
35 mm - Kodachrome 64 asa

Trois femmes : En octobre, dans les moraines verglacées, trois jeunes femmes du village de Thsumi acheminent des vivres du monastère du Minya au camp de base du Minya Konka.
20 mm - Fuji Velvia 50 asa

Monastère : A 3 840 mètres d'altitude, le monastère du Minya (Minya Gompa) est rattaché à l'école monastique Nyingma-pa. La nuit, les pèlerins enferment leurs montures dans la cour intérieure pour les protéger des animaux sauvages. Les trois mâts supportent des drapeaux de prières.
20 mm - Fuji Velvia 50 asa

Paysage de montagne : Versant N/E du Minya Konka (7 556 m). Situé à la rupture des hauts plateaux tibétains et des plaines chinoises du Sechouan, le Minya Konka est tributaire d'une météorologie très turbulente. La caravane de chevaux de l'expédition descend vers le monastère du Minya, vers le fond à droite de la vallée.
35 mm - Kodachrome 64 asa

Portait de jeune femme : Cette jeune femme du village de Thsumi (Kham) est venue porter les charges de l'expédition jusqu'au camp de base du Minya Konka pour gagner un peu d'argent.
135 mm - Kodachrome 64 asa

Carte de vœux : A 6 000 m, entre le camp II et le camp III, la crête du Minya Konka constamment ventée est truffée de crevasses, ce qui oblige à la jalonner de fanions de repères.
35 mm - Ektachrome Panther 200 asa (photo Ang Norboo Sherpa)

Arête au coucher de soleil : A 6 000 m, le camp II sur l'arête N - N/E, extrêmement ventée du Minya Konka. Selon la légende, une nuit passée sur la montagne vaut dix ans de méditations et de prières.
85 mm - Kodachrome 64 asa

Muraille et trois personnages : A environ 7 000 m, à mi-page, à gauche, trois alpinistes de l'expédition grimpent l'arête sommitale du Minya Konka. Il leur reste 600 m à gravir.
180 mm - Kodachrome 64 asa

Sommet : Vue sur le sommet du Minya Konka coiffé de champignons de neige. On distingue deux grimpeurs de l'expédition, Jef Magnificat et Philippe Allibert, à une centaine de mètres du sommet, sur l'arête, au centre en bas de l'image.
ls renonceront à quelques dizaines de mètres du sommet à cause du vent (80 km/h) et du froid (-40°)
300 mm - Kodachrome 64 asa

Mot tibétain en écriture Outchen stylisée, signifiant l'Ether, la pure conscience illuminée.
Vieille femme : En prière avec son rosaire devant le temple du Jokhang à Lhassa. La fumée provient d'encensoirs où brûle du genièvre.
35 mm - Kodachrome 64 asa

Arbres : A Lhassa, dans le parc ombragé de vieux saules derrière le Potala, des pèlerins tournent autour du palais, dans le sens solaire, tout en priant.
15 mm - Kodachrome 64 asa

Fillette : A l'alpage de Lhubu, près de Ganden Gompa. Elle tient à la main une corde de laine tressée décorée d'un pompon multicolore.
85 mm - Kodachrome 64 asa

Famille en habits de fête :
Cette famille est venue de l'Amdo en pèlerinage jusqu'à Lhassa pour se prosterner dans le temple du Jokhang. Pour ce voyage exceptionnel, chacun a revêtu ses habits de fête.
35 mm - Kodachrome 64 asa

Prosternations : Les pèlerins se prosternent devant l'entrée du temple du Jokhang à Lhassa. Sur les tentures blanches sont brodés les signes auspicieux du Bouddhisme Tibétain.
35 mm - Ektachrome Panther 100 asa

Texte tibétain de la préface écrite pour cet ouvrage par Sa Sainteté le Dalaï Lama.
Homme en prière : Un pèlerin à Lhassa prie devant le temple du Jokhang. Il tient dans sa main un moulin à prières et un rosaire.
70 mm -Ektachrome Panther 100 asa

Suite et fin de la préface.
Homme au chapeau pointu :
Un moine de l'Amdo a parcouru plus de mille kilomètres en se prosternant tous les trois pas pour venir prier, ici, au temple du Jokhang, à Lhassa. On remarque la corne de peau sur son front témoignant des milliers de prosternations effectuées.
70 mm - Ektachrome Panther 200 asa

Foule : En 1985, 5 000 Tibétains ont franchi clandestinement les frontières et traversé à pied la chaîne himalayenne pour retrouver leur chef spirituel le Dalaï Lama qu'ils aperçoivent ici pour la toute première fois, à Bodhgaya, en Inde.
85 mm - Agfa 100 asa

Dalai Lama et Etudiant : Au Tibet envahi, des milliers de familles envoient clandestinement leurs enfants étudier en Inde dans les écoles tibétaines en exil, (Tibetan Children Village) devenues les meilleures écoles de l'Himalaya. En 1995, le gouvernement communiste chinois s'acharne par tous les moyens à déstabiliser ces écoles.
135 mm - Kodachrome 64 asa

Page de garde : Monastère de Ganden. Un pèlerin fait le grand tour du monastère en signe de dévotion. Chacun accroche des drapeaux à prières sous lesquels passe le chemin.
Kodachrome 64 asa

REMERCIEMENTS

Pour Que rayonnent Paix et Bonheur

Très longue Vie

A Sa Sainteté le XIVe Dalaï Lama
Au Gouvernement tibétain, actuellement en exil
Au Peuple tibétain

A ceux qui, dans le monde, soutiennent la cause tibétaine, par leurs actions et leurs parrainages

A ceux qui, en Chine, défendent la paix et la liberté

Au Gouvernement de l'Inde qui accueille sur son sol le Gouvernement tibétain en exil

A :
Mme Jetsun Pema
M. Tenzin Geyche Tethong
M. Tashi Wangdi
M. Kalsang Yeshi et Mme Kim Yeshi
M. Tempa Tsering
M. Dawa Thondup
M. Gyaltsen Gyaltag
M. Tsewang Yeshi et Mme Tsering Yeshi
M. Thupten Dorje
M. Phuntsok Namgyal

Au Vénérable Tashi et au Vénérable Salden du monastère de Namgyal

Aux dirigeants, aux enseignants, aux écoliers des Villages des Enfants Tibétains
et à ceux qui s'y dévouent.

A Mme Tashi Lhamo, Mme Samchoe, Mme Kesang Lhamo, Mme Sonam Yangzom,
Mme Lhamo Youden, Mme Pemba Kyipa et sa famille, Mme Dickyi Samgmo, M. Ngodup Tsering,
M. Tsering Tashi et l'équipe de l'Amnye Machen, M. Jho Tséring,

A ceux que nous ne nommons point par sécurité.

Pour aider un enfant réfugié du Tibet :
Tibetan Children Village - 176216 Dharamsala Cantt .- HP - India.

ils ont déployé leurs talents pour embellir cet ouvrage :

Danielle, mon épouse, a forgé l'âme de ce livre et en a réalisé la maquette
avec Jean-Marie Jacquet aux Editions SDE.

Kitty Sabatier, éminente calligraphe, a réalisé la calligraphie française et anglaise.

Jean-Michel Douche, graphiste et calligraphe, est l'auteur de la calligraphie tibétaine.

Kim Yeshi, directrice et fondatrice de l'Institut Norbulingka à Dharamsala,
a conçu la carte du Tibet et Tenzin Tsonyi, artiste à l'Institut, l'a réalisée.

Dorje Sangpo, artiste tibétain établi en France, a réalisé le dessin du Chörten.

Claude B. Levenson, auteur de plusieurs ouvrages de référence sur le Tibet,
m'a précieusement conseillé.

Lhakdor, traducteur et assistant religieux de Sa Sainteté le Dalaï Lama,
a traduit la Préface de l'anglais en tibétain.

Mingyour a mis en page la Préface en tibétain, à l'Institut spirituel
et culturel de Karma-Ling en France.

Amy Heller a traduit les phrases tibétaines du livre.

L'organisation de Voyages Allibert a mené avec brio l'expédition au Minya Konka.
Son responsable, Philippe Allibert, a su résister à la tentation et a décidé, avec sagesse
et professionnalisme, de battre en retraite à 7 476 m – à 80 m du sommet –
afin de ramener toute l'équipe saine et sauve.

Patagonia nous a permis par la qualité de ses vêtements de supporter
des vents de glace à plus de 7 000 mètres.

Omnium, La SBF – Bourse de Paris, Sogéposte, l'Agéfi, le Figaro
ont été les partenaires de l'expédition française au Minya Konka.

Cet ouvrage a été achevé d'imprimer en septembre 1995 pour les :
Editions SDE - 64, rue de La Rochefoucauld 75009 Paris
Editions De La Martinière - 27, rue Saint-André-des-Arts 75006 Paris
Sur les presses de l'imprimerie Le Govic, à Nantes
Sur papier satimat Club 170 g, distribué par Arjomari Diffusion
Photogravure D6 à Paris

ISBN 2732421677 - Dépôt légal : 3e trimestre 1995